1948, 칼 마이던스가 본 여순사건

1948, 칼 마이던스가 본

여순사건

여수지역사회연구소 편역

1948년, Yeosu-Suncheon Uprising by Carl Mydans

지영사

1948, 칼 마이던스가 본 여순사건

초판 인쇄 2019년 11월 26일
초판 발행 2019년 12월 6일

지은이 칼 마이던스
편역자 여수지역사회연구소
편집 및 고증 김득중·이영일·박종길·이오성
디자인 도서출판 지영사

펴낸곳 도서출판 지영사
서울특별시 성북구 성북로 28길 40 낙원연립 라동 101호
전화 02-747-6333 팩스 02-747-6335
이메일 maitriclub@naver.com
등록 1992년 1월 28일 제1-1299호

값 50,000원
ISBN 978-89-7555-195-6 03910

도움주신 기관 : 여수·순천·광양시행정협의회, 라이프 타임지(미국), 지영사

여순사건.

오랫동안 묻혀온 진실. 70년의 강요된 고독과 통한의 침묵

여수 주둔 14연대 군인들은 "우리는 제주도 애국인민을 무차별 학살하기 위하여 우리들을 출동시키려는 작전에 조선 사람의 아들로서 조선 동포를 학살하는 것을 거부하고 조선 인민의 복지를 위하여 총궐기하였다."라고 하며 항명하며 여순사건은 시작되었다.

여순사건 당시 지역민들은 대부분 정치적 성향이나 이념 등에 관계없이 삶의 현장에서 일상을 영위하고 있었다. 그러나 사건의 전개와 진압 과정을 통하여 이념과 정치적 성향의 굴레가 씌워져 국가의 불법적인 공권력에 의해 영문도 모른 채 무고한 희생을 당했고, 유가족들은 70년 세월을 강요된 고독과 통한의 침묵으로 참고 견뎌야 했다.

여순사건의 원인이었던 제주4·3사건은 지난 2000년에 특별법이 제정되었고, 2014년부터는 국가추념일로 지정되어 국가 차원의 지원이 이루어져 특별법을 통해 진상규명과 명예회복이 진행되고 있다. 반면에 여순사건은 지난 제16대 국회부터 18대, 19대 3차례 특별법이 발의되었으나 무산되었고, 현재 제20대 국회에도 5개의 특별법 안이 발의되어 국회 행정안전위원회에 계류 중에 있다.

이 도록에 실려 있는 생생한 사진 기록들은 여순사건의 진실 그 자체로 총 329매 중 98매를 진압군 이동과 전투, 미군과 제14연대, 민간인 피해, 시민들의 피난, 협력자 색출과 학살, 여수 대화재 등의 주제로 엄선하여 칼 마이던스가 그의 렌즈를 통하여 무엇을 말하려고 하였는지를 읽을 수 있을 것이다.

그리고 우리는 이 사진기록의 진실을 통하여 71년 전의 과거와 공감할 수 있다. 이러한 공감들은 제20대 국회에 발의된 5개의 특별법이 왜 통과되어야 하는지를 웅변하고 있다. 비극적인 역사 앞에서 희생자와 유족 그리고 지역민의 오랫동안 응어리진 아픔과 상처가 조금이나마 치유될 수 있도록 정부와 국회의 특별법 통과에 대한 의지를 다시 한 번 촉구한다. 아울러 사진으로 보는 여순사건을 통해서 현대사를 이해하는데 조금이라도 보탬이 되면 좋겠다.

끝으로『1948, 칼 마이던스가 본 여순사건』도록을 국내외 최초로 발간할 수 있게 협조해 준 여수·순천·광양시행정협의회와 라이프 타임지 및 지영사에게 감사를 드린다.

2019. 12. 6

사단법인 여수지역사회연구소 이사장 김병호

■ ■ 차례

칼 마이던스와 여순사건

한국사회 형성에 중요한 계기가 된 여순사건

대한민국 정부가 수립된 지 두 달 만에 발발한 여순사건은 이승만 정부와 국제 사회에 큰 충격을 주었다. 1948년 10월 19일, 여수 신월동에 주둔한 국군 제14연대는 제주도 파병 명령을 거부하고 봉기하여 하루 만에 여수와 순천을 점령했다. 14연대 봉기는 빠르게 전남 동부지역으로 확산되었는데, 분단 정권수립과 친일 경찰에 대한 불만은 14연대 일반 사병과 지역민들이 봉기에 참여하는 주요한 이유였다.

정부는 광주에 반란군토벌전투사령부를 설치하고, 15개 연대 중 7개 연대를 동원하여 신속한 진압에 나섰다. 진압군은 1주일 만에 순천과 여수를 진압하는데 성공했지만, 산악지대에서 소규모 전투는 다음 해까지도 계속되었다. 여수·순천 진압과 지리산 토벌 작전에서 무고한 민간인의 피해가 잇달았다.

진압군과 경찰은 우익 청년단원들과 지방 우익 세력의 도움을 받아 협력자를 색출했다. 변명과 이유를 따지지 않은 채 협력자 색출이 실시되었고, 우익 세력의 '손가락 총'에 지목되기만 하면 혐의자들은 즉석에서 참수, 사형되거나 군법회의에 넘겨졌다. 자세한 조사도 없었고, 제대로 된 재판도 이루어지지 않았다.

여순사건이 일어난 지 71년이 지났다. 여순사건이 일어난 뒤 한국 사회의 모든 부문이 변하였다. 여순사건은 한국 사회가 형성되는 중요한 계기였다. 학교에서는 학도호국단이 만들어지고, 반정부적인 교사가 축출 되었다. 군대에서는 숙군이 일어나 장교의 10%가 처벌받고 만주군 출신들이 지도부를 장악했다. 헌법보다 더 큰 위력을 행사한 국가보안법이 통과된 것도 여순사건 직후였다. 여순사건 뒤, 한국 사회는 반공 사회로 줄달음쳤다.

칼 마이던스가 촬영한 여순사건 사진의 중요성

여순사건은 한국 현대사에서 중요한 위치를 차지하지만, 당시 여순사건의 상황을 파악할 수 있는 사진 자료는 많이 남아 있지 않다.

미국의 라이프지 기자였던 칼 마이던스가 여순사건을 촬영했다는 점은 그동안 잘 알려져 있었다. 여순사건을 포함하여 칼 마이던스가 촬영한 사진들은 온라인을 통해 살펴볼 수도 있었다. 하지만, 마이던스가 찍은 여순사건 사진들은 부분적으로 사용되었고 전모를 알기 어려웠다.

이번에 여수지역사회연구소가 칼 마이던스의 여순사건 사진을 전량 입수한 것은 매우 반가운 일이다. 칼 마이던스가 촬영한 사진은 중복을 제외하면, 310여 장에 달한다. 국내 신문에 게재된 사진 모두를 포함하여 지금까지 국내에서 발굴된 여순사건 관련 사진양과 비교할 때, 4배 이상이다. 수량으로 보더라도 마이던스의 사진은 압도적으로 많거니와, 여순사건의 실상을 알려주는 측면에서도 마이던스 사진의 사료적 가치는 매우 높다. 진압군의 작전부터 민간인 협력자 적발, 여수 중심가 화재까지 이전에는 알기 어려웠던 사실들이 마이던스 사진을 통해 알 수 있게 되었다. 마이던스 사진들은 신문 기사와 공문서가 제공하기 어려웠던 수많은 세세한 정보를 제공함으로써, 여순사건의 진상을 밝히는데 기여할 수 있을 것이라 기대된다.

국내의 여순사건 사진 자료

여순사건이 발발하자 국내 각 신문사는 큰 관심을 가지고 특파원을 현지로 급파했다. 『국제신문』의 경우에는 특파원이 여수와 순천에서 찍은 사진을 이용하여 특집판을 발간하기도 했다. 당시 신문에 게재된 사진의 양은 40여 매에 달하는데, 이 사진들은 크게 두 가지 내용을 담고 있었다. 하나는 진압군(국군)의 여러 가지 활동을 알리는 것이었다. 장갑차의 위용이나 군인들의 행진 등 국군의 진압활동이 사진에 담겼다. 다른 한 가지 종류는 좌익의 만행을 고발하는 사진이었다. 좌익에 의해 죽음을 당한 시신들, 협력자 색출, 반군들의 사진이 신문 지면을 채웠다.[1] 해방 직후에는 신문 인쇄 시설이 열악하고 신문 용지가 품절되어 종이를 구하기 어려운 실정이었다. 인쇄 품질도 좋은 편이 아니었기 때문에, 사진이 매우 흐리고 분명하지 않으며 촬영 일시나 장소를 밝힌 경우도 없다. 사진 크기도 작아서, 형제를 간신히 알아볼 수 있는 사진이 대부분이다.

신문뿐만 아니라, 잡지도 여순사건을 다루었다. 『국제보도』 제16호(1948년 12월 20일 발행)는 『민족 갱생의 암초-여수순천 지구; 반란을 회고하며』라는 제목으로 여순사건 특집을 실었다. 국제보도연맹國際報道聯盟은 사진을 통해 한국을 선전하고자 하는 목적으로 이 잡지를 발행했기 때문에, 기사는 한글로 작성되었지만 사진에는 영문 설명을 실었다. 이 기사에 실린 사진의 개수는 총 18매이다. 『국제보도』는 지금까지 공개된 적이 없는 자료이다. 아래는 『국제보도』에 실린 여순사건 사진들이다.[2]

〈사진 1〉 여순사건을 보도한 『국제보도』

〈사진 2〉『국제보도』 폐허가 된 여수 시가지, 협력자 심사, 끌려온 여학생들 사진과 함께 중간에는 이용기·송욱의 강연회를 알리는 전단 사진이 들어있다

〈사진 3〉『국제보도』의 여순사건 보도. 진압 작전을 펼치는 국군의 활동을 담았다.

사진들은 모두 세 쪽에 걸쳐 게재되었는데, 여수와 순천 지역으로 구분하여 실렸다. 여수지역 사진은 6~7쪽 두 쪽에 게재되었는데, 폐허가 된 여수 시내와 시신들, 전단, 시민들의 사진 등이 실렸다. 특히 여수중학교 교장 송욱 강연을 고지하는 전단 사진은『국제보도』에 실린 사진이 유일한 자료이어서 매우 중요한 사료적 가치를 지닌다.

여순사건 국내 사진 중, 가장 유명한 것은 호남신문 기자 이경모가 촬영한 사진들이다. 이경모는 여수·순천 진압 직후, 현지에 들어가 다양한 사진을 촬영했다. 이경모가 찍은 사진 중 가장 유명하고 중요한 사진은 여수 서국민학교 운동장에 모인 주민들의 모습이다. 진압군은 협력자들을 색출하기 위해 국민학교 운동장 같은 넓은 곳에 주민들을 모았는데, 이경모의 사진에는 협력자 색출을 위해 좌우 쪽으로 나눠진 시민들의 모습이 찍혔고, 이 사진은 여순사건을 상징하는 대표적인 사진으로 이용되었다.

칼 마이던스의 생애

칼 마이던스는 어떻게 여수와 순천까지 와서 취재할 수 있었을까? 미국의 유명한 사진 작가 칼 마이던스(1907~2004)는 매사추세츠 주 보스턴 근처에서 태어났다. 대학교 시절부터 사진에 관심을 가진 마이던스는 대학 졸업 후 다른 사진작가들과 그룹을 이루어 활동하면서 대공황기에 실의에 빠진 미국 농촌 노동자들의 생활상을 카메라에 담았다.

그가 라이프(Life)지에 입사한 것은 1936년이었는데, 이때부터 그는 여러 전쟁터를 찾아 현장을 기록하였다. 그는 제2차 세계대전(아시아, 유럽), 한국전쟁, 베트남전 등의 전장에 파견되어, 세계 현대사의 분수령이 되는 중요한 시기를 카메라에 담았다.

그와 같이 활동한 아내 셸리 미단(Shelley Mydans)은 소설가이자 사진 작가였다. 부부는 일본군이 진주만을 폭격했을 때, 미군이 주둔하고 있던 필리핀에 머물고 있었다. 마이던스는 일본군의 침공으로 필리핀이 함락되자, 일본군에게 체포되어 전쟁포로가 되었다. 1년 동안 포로로 잡혀있었던 그는 포로교환으로 석방된 후, 이탈리아, 프랑스 전장에서 활동했다. 유럽에서 다시 필리핀으로 돌아왔을 때에는 더글러스 맥아더 장군이 필리핀을 탈환한 시기였다. 마이던스가 찍은 사진 중에 매우 유명한 사진 중의 하나는 맥아더가 필리핀 해안에 상륙하는 장면이다. 이 사진은 맥아더의 귀환과 미국의 본격적인 반격을 알리는 유명한 사진이 되었고, 맥아더를 유명하게 만들었다.

이 사진뿐만 아니라, 마이던스는 역사에 기록될만한 많은 사진을 촬영했다. 1945년 9월 미주리호 함상에서 벌어진 일본군 항복 조인식, 독일군에 협력한 프랑스 여성의 머리를 깎는 사진, 김구의 암살(경교장) 등 역사책에 자주 등장하는 사진들 중에는 마이던스의 손을 거친 것이 많다. 당시 미국 타임-라이프지 지사는 도쿄에 있었다. 도쿄국장으로 근무한 마이던스는 여순사건과 한국전쟁 시기에 한국에 입국하여 특파원으로 활약했다.

마이던스의 순천·여수 취재

한국에 입국하여 기차로 순천에 도착한 마이던스는 진압군이 점령한 순천의 상황을 살펴볼 수 있었다. 마이던스는 사진 작가였지만, 기사를 작성하는 리포터이기도 했다.[3] 순천농림학교에서 벌어졌던 협력자 색출과정을 다음과 같이 자세히 묘사하고 있다.

> 4일 후 내가 다른 3명의 특파원과 함께 시내에 들어갔을 때, 전 시민이 학교 운동장에 모여 앉혀 있었다. 이곳에서 반란을 진압했던 정부군이 반란자들의 잔학 행위와 똑같은 야수성과 정의를 무시한 태도로 보복을 하고 있었다. 운동장에 흩어진 작은 집단 속에서 군인과 경찰들은 총대와 곤봉으로, 무릎 꿇려진 사람들에게 자백을 끌어내려 하고 있었다.
>
> 살아남은 경찰관 중의 한 사람은 어깨에 총을 늘어뜨리고 일본군 헬멧을 쓴 채 희생자들의 주위를 돌며 환상적으로 왔다갔다 춤추며, 그 사내가 기진맥진하여 드디어 '자백'을 받아낼 때까지 그 사내의 얼굴을 개머리판으로 때렸다가, 또 동물과 같은 짓으로 헬멧 쓴 머리를 얼굴에 부딪치게 했다. 그러고 나자 그는 자백을 한 다른 사람 전부와 똑같이 운동장 저쪽에 있는 호 속에 처 넣어지고 그곳에서 총살되었다. 이름도 죄명도, 누가 심문하고 누가 사형을 집행했는가도 기록되지 않고 그렇게 소멸되었다.[4]

마이던스가 서술한 심문 진행 상황은 글뿐만 아니라, 카메라에 고스란히 담겼다. 이러한 상황은 여수에서도 똑같이 벌어졌다. 진압군은 순천과 여수 시내를 탈환한 다음, 반군과 협력자를 색출하기 위해 전 시민을 초등학교 운동장에 모이라고 명령했다. 10월 26일, 여수에서 진압군은 시민들에게 확성기로 국민학교에 모이라고 방송했다. 시민들은 나오지 않으면 봉기군으로 간주된다는 말을 듣고는 죽을 수도 있다는 공포를 느꼈기 때문에 모든 시민이 모였다.

끌려온 시민들은 학교운동장에서 한발자국도 움직일 수 없었다. 학교 정문에는 담을 높이 쌓아올려 중기관총을 높이 걸어놓고 병사들이 시내 쪽을 향해 총을 겨누고 있었다. 여수여자중학교 운동장에는 멸치를 뿌려 놓은 것처럼 수를 헤아릴 수 없이 많은 시체가 운동장을 덮고 있었다. 운동장 울타리 옆에는 많은 사람들이 시체도 확인하지 못한 채 먼발치에서 통곡만 했다.

마이던스는 순천농림학교 운동장과 여수서국민학교에서 벌어지고 있던 광경을 카메라에 담았다. 운동장을 지키는 군인들의 기관총구, 집합한 수많은 인파와 좌우로 구별되는 사람들, 가족을 염려하며 멀리서 지켜보는 아낙네들, 군인과 경찰이 가혹하게 협력자를 심문하는 장면들, 학교운동장 구석에서 사살된 시신들의 사진들, 순천 동천교 주변에서 죽은 경찰관들 등은 여순사건에서 경찰과 민간인들이 얼마나 많은 목숨을 잃었는지를 보여준다.

한편, 보따리 짐을 챙겨 황급하게 집을 떠나 운동장으로 가는 피난민들, 불타는 여수 시가지를 바라보는 시민들과 멀리서 지켜보기만 하는 미군과 국군의 진압작전과 이동 사진 등은 문서로는 알기 어려운 당시 상황을 우리에게 알려준다. 이렇게, 마이던스가 촬영한 이 사진들은 그동안 증언을 통해서만 상상할 수 있었던 당시 상황을 눈앞에서 보여준다.

여순사건 현장에 외국인 사진기자로 참가했던 칼 마이던스는 진압군의 이동과 함께 움직였다. 이런 이유 때문에 진압군의 활동을 담은 사진이 꽤 많다. 작전회의와 군부대 이동, 직접 전투장면 등을 담은 사진들과 함께 장갑차 등의 기계화된 국군의 위용을 과시하는 사진도 있다. 주목되는 것은 마이던스가 시내의 폐허가 된 건물과 국군의 용맹스러운 모습보다는 일반 시민들의 움직임과 감정을 중요시 했다는 점이다.

국내 신문 대부분은 협의자(부역자) 색출 과정을 자세히 보도하지 않았다. 국내 신문 기자들이 보기에, 여수와 순천 지역은 적과 적이 맞부딪치는 전쟁의 현장이었고, 무력 대 무력의 충돌만이 있는 현장이었다. 국내 신문의 시각은 봉기군을 인간으로 보지 않은 진압군의 입장과 크게 다를 바 없었다. 하지만, 칼 마이던스는 협력자 색출 현장에서 다른 것을 보았다.

그러는 동안 그 광경을 여자들과 아이들이 가만히 보고 있었다. 그런데 괴로운 체험 가운데에서도 가장 두려웠던 것은, 방관자들의 침묵과 자신들을 잡아온 사람들 앞에 꿇어앉은 사람들의 너무나도 조심스러운 모습—그리고 총살되기 위해 끌려가면서 완전히 침묵하고 있었다는 사실이었다. 한 마디의 항변조차 없었고, 동정을 바라는 울부짖음도 없었고 신의 구원을 바라는 어떤 중얼거림도 없었다. 또다시 이런 세기가 그들에게 주어진다면, 어찌해야 좋을 것인가?[5]

마이던스는 진압군의 폭력에 질려 아무런 저항도 하지 못하고 복종하는 시민들을 보면서 엄청난 폭력의 힘을 절감했다. 마이던스가 보건대, 진압 직후 순천 시민들은 '공포'와 끝없이 보이는 '무기력'으로 가득 차 있었다. 순천 시민들은 자기 가족의 시체를 조심스레 찾아내고는 '통곡 속의 광란'에 빠지는가 하면, 군대와 경찰의 협력자 색출 과정에서 자신의 목숨이 손가락 하나에 정해져 있는 그 순간에서조차 '한마디의 항변도' 하지 못하고 '완전히 침묵' 했다. 협력자 색출 과정의 무기력과 침묵, 복종은 가장 무서운 장면이었다. 전투가 끝난 뒤 이루어진 협력자 색출은 가혹한 국가 폭력을 그대로 보여주었다. 명령과 복종만이 있었고, 어떤 항변조차 용납되지 않았다. 마이던스가 목격하고 충격 받은 시민들의 깊은 절망과 무기력은 그 뒤 수십 년 간 순천과 여수지역을 붙잡았다. 마이던스가 협의자들에 대해 느낀 인간적인 동정도 한국에서는 찾아볼 수 없었다. 한국에서는 수십 년 간 여순사건에 대한 이야기를 입 밖으로 내어 말하기가 힘들었고, 여순사건은 '빨갱이의 난동'으로만 기억되었다.

마이던스가 여수와 순천을 방문하여 취재한 글과 사진은 라이프지 11월 15일자에 게재되었다. 아래 자료는 마이던스가 작성한 『한국의 봉기(Revolt in Korea)』 기사이다.

AT YOSU IN THE U.S. ZONE, WHERE KOREA'S REBELLION BEGAN ON OCT. 19, LOYAL TROOPS FLUSH OUT COMMUNISTS FOR TRIAL AFTER RETAKING THE CITY

REVOLT IN KOREA

A NEW COMMUNIST UPRISING TURNS MEN INTO BUTCHERS

PHOTOGRAPHS FOR LIFE BY CARL MYDANS

Sooner or later the cold war in Korea was sure to turn hot, and so it did in late October on a signal from the Soviets. The reasons were well known: Korea had been split between U.S. and Soviet control at Yalta, and the Soviets obstructed all later efforts to unite it, preferring to establish a Communist "people's republic" in North Korea and equip it for civil war which would make all Korea Red. The urgency increased in August when the U.S. gave South Korea a government under President Syngman Rhee. When the Red rebellion came, it splattered blood across the new southern nation.

It began on the cool night of Oct. 19 while the Moscow radio trumpeted the news that Soviet troops were leaving Korea. Simultaneously a Red cell of 40 soldiers in a regiment of the American-trained Korean national army at the southern port of Yosu killed the regimental officers, gathered the entire regiment in revolt, murdered the local police and quickly captured both Yosu and the city of Sunchon 25 miles to the north. There the rebels, still in American Army uniforms, and followers raised the flag of the North Korean People's Republic, and for a few bloody days ruled a small chunk of Rhee's south. Before they melted into the hills, at least temporarily repulsed by loyal troops, LIFE's Carl Mydans was on the scene with a camera to record the brutal consequences.

〈사진 4〉 칼 마이던스가 라이프지에 기고한 기사. 반란군으로 보이는 사람들이 두 손을 들고, 좁은 골목길을 내려오고 있다. 여수 충무동 큰샘골에서 촬영.

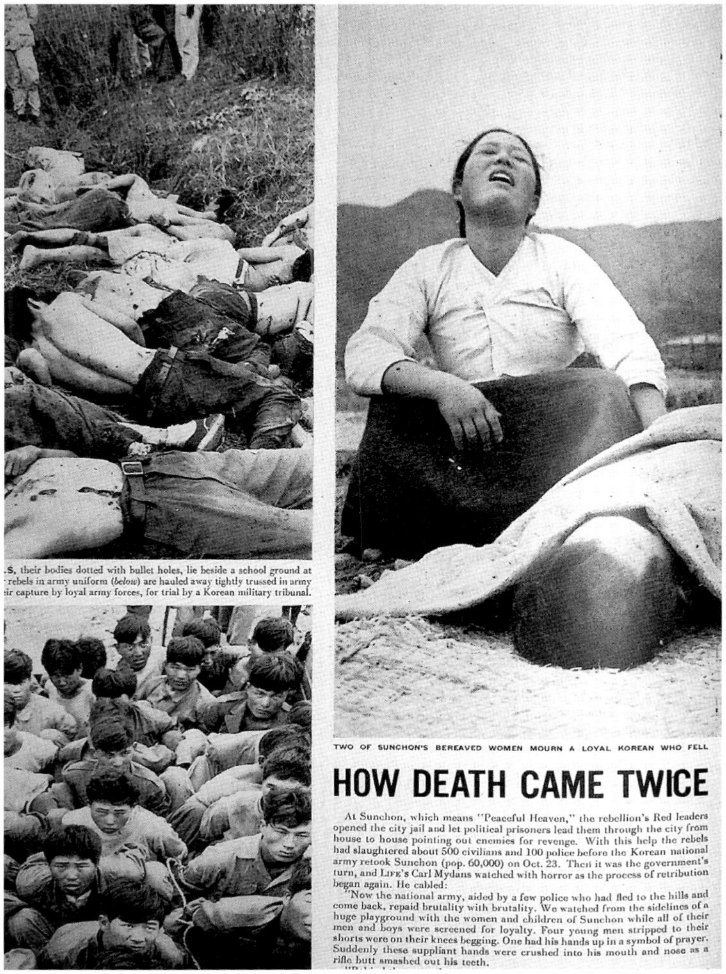

.S, their bodies dotted with bullet holes, lie beside a school ground at
rebels in army uniform (*below*) are hauled away tightly trussed in army
ir capture by loyal army forces, for trial by a Korean military tribunal.

TWO OF SUNCHON'S BEREAVED WOMEN MOURN A LOYAL KOREAN WHO FELL

HOW DEATH CAME TWICE

At Sunchon, which means "Peaceful Heaven," the rebellion's Red leaders opened the city jail and let political prisoners lead them through the city from house to house pointing out enemies for revenge. With this help the rebels had slaughtered about 500 civilians and 100 police before the Korean national army retook Sunchon (pop. 60,000) on Oct. 23. Then it was the government's turn, and LIFE's Carl Mydans watched with horror as the process of retribution began again. He cabled:

"Now the national army, aided by a few police who had fled to the hills and come back, repaid brutality with brutality. We watched from the sidelines of a huge playground with the women and children of Sunchon while all of their men and boys were screened for loyalty. Four young men stripped to their shorts were on their knees begging. One had his hands up in a symbol of prayer. Suddenly these suppliant hands were crushed into his mouth and nose as a rifle butt smashed out his teeth.

〈사진 5〉 순천농림학교에서 사살당한 시신들과 포로로 잡혀 트럭으로 이송되는 사람들.

사진 촬영 장소

현재 여순사건을 포함한 칼 마이던스의 사진은 온라인 사이트를 통해 인터넷으로 열람이 가능하다.[6] 이 사이트에서 여순사건 사진만을 따로 모아놓지는 않았지만, 검색어를 통해 접근할 수 있다. 여수지역사회연구소는 타임-라이프지와 교섭하여, 칼 마이던스가 촬영한 여순사건 사진 전체를 인수 받았는데, 중복 사진을 제외하면 전체양은 310여 매이다. 이 사진집에 실린 사진들은 전체 사진 중에서 중요 사진을 엄선하여 주제별로 배치한 것이다. 사진에는 촬영 일시, 장소, 인물 등을 알 수 있는 설명문(caption)이 게재되어 있지 않기 때문에 장소와 일시 등을 추정할 수밖에 없다.

타임-라이프지의 사진들에는 일련번호가 부여되어 있다. 이 번호는 사진 촬영 일자 순서대로 매겨진 것은 아니고 정리의 편의를 위해 부여된 것으로 보인다. 마이던스는 순천을 통해 여수로 이동했지만, 여수 사진에 앞선 번호가 매겨져 있기 때문이다. 하지만,

ORE A REBEL SLAUGHTER SQUAD AS THE REBELLION BEGAN. AN AMERICAN ADVISER, LIEUT. RALPH BL SS, L OKS ON SILENTLY WHERE NO ADVICE WI

O "PEACEFUL HEAVEN"

ims. Uttering staccato barks, he alternately spun his carbine butt forward smashed a kneeling man in the face, then twirled the gun muzzle downward feigned shooting. Finally, without missing a stroke, he charged like a goat, net lowered, and smashed the steel hat into the begging victim's head. We drove through the city—empty except for bodies—and here we saw the son for brutal retaliation. Bodies lay just as they had been slain by the els—in heaps with hands tied behind backs. In the police compound there e two heaps: 87 corpses, some of them civilian, some police. We found ers near the river, tumbled grotesquely down an embankment and on the es of paddy fields. Some were burned in charred masses on the streets, or alone where they had fallen beside looted shops and homes. During the first terrible days of Sunchon's blood bath, no relative dared m a body for fear that doing so would identify the living with the dead and s bring quick retaliation from either the Communists or the government. r, when it was safe, women streamed away from the big playground to poke

〈사진 6〉 시신 앞에서 오열하는 가족(순천), 여수에서 벌어진 전투 장면. 순천順天을 'Peaceful Heaven'으로 번역하여, 사건의 참상을 부각시켰다.

A CIVILIAN REBEL holds his bloody head after "questioning" by loyal soldiers who took Sunchon back from the revolting troops. He may get death sentence. Many Koreans, who traditionally jump at a chance to attack their police and officials the rebels believing Red propaganda that all Korea had fallen to the Comn

58

〈사진 7〉 협력자 심문 과정에서 구타당하여 피를 흘리는 시민(순천)

사진이 촬영된 장소가 어디인지를 파악하는 작업을 통해 마이던스가 방문했던 지역을 확정하는 것이 가능했다.

이영일 여수지역사회연구소 소장, 박종길, 이오성 연구원과 필자는 몇 차례의 회의를 거쳐 사진이 촬영된 장소를 확정할 수 있었다. 여수지역사회연구소 연구원들이 가지고 있는 풍부한 지역 정보 덕분에 사진에 나와 있는 지역을 확인할 수 있었다. 예전 시가지는 세월이 지나면서 변했기 때문에 거리 풍경은 완전히 바뀌었다. 옛 건물은 거의 남아있지 않고, 새로운 건물들이 들어섰기 때문에 건물이나 상호로 장소를 확인하기는 어려웠다. 사진 촬영 장소들을 확정하는 데에는 사진 배경으로 나온 산의 형상과 지형이 큰 도움이 되었다. 시가지는 변했지만, 산의 모양은 좀처럼 바뀌지 않았기 때문이다. 장소를 확정하기 위해서 이중근 선생님의 도움을 받았고, 장소를 확인하기 위한 현장 방문도 실시했다.

사진 촬영 장소 확정 작업을 통해, 마이던스가 방문하고 촬영한 장소가 순천의 경우, 순천농림학교(현재 순천대학교), 중앙동(현 신한은행 부근), 순천교 서쪽(장천동)이라는 것을 알아 낼 수 있었다. 여수의 경우, 칼 마이던스가 방문했던 장소는 신월동(14연대 주둔지), 미평(미평초등학교), 충무동(여수서초등학교, 큰샘골), 교동, 오림동(문수삼거리), 율촌 신풍 등이다. 자세한 사항은 이 책에 실린 각 사진 설명을 참고하시면 좋겠다.

마이던스는 단지 직업으로서 해야 될 일을 해야만 했기 때문에 카메라를 멘 것은 아니었다. 그가 역사에 남을 만한 중요한 사진을 찍을 수 있었던 것은 사진을 '역사의 증인'으로 생각했기 때문이었다. 여순사건뿐만 아니라, 그가 포착한 찰나의 시간은 사진으로 남아 역사를 증언하는 영원한 자료가 되었다. 그가 촬영한 300여 매가 넘는 여순사건 사진들과 장문의 리포트는 여순사건의 진상을 밝혀내는데 큰 기여를 할 수 있을 것이다.

하지만, 사진이 모든 것을 그대로 말해주는 것은 아니다. 사진은 말하지 않는다. 사진은 읽어내야만 하는 자료이다. 사진이 촬영된 시간과 장소를 확정하기 위해서는 더 많은 노력과 논의를 필요로 한다.

그리고 사진에 담긴 수많은 얼굴의 표정을 읽어내고 그들이 느꼈던 당혹감과 무기력, 동요하고 위압적인 눈길을 읽어내고, 71년 전에 모진 경험을 했던 여수 순천 사람들과 마음을 통하는 일이 아직 우리에게 남아있다.

김득중(한국사학회 회장)

주

1 당시 신문에 실린 사진들에 대한 내용 분석은 김득중, 2009, 『빨갱이'의 탄생—여순사건과 반공 국가의 형성』, 선인, 381~389쪽을 참고.
2 여순사건 사진들은 이경모, 1989·2010, 『격동기의 현장: 이경모 사진집』, 눈빛; 이경모, 1998, 『이경모 흑백사진집』, 동신대학교출판부에 실려 있다.
3 Carl Mydans, 1959, More than meets the eye, Harper&Brothers; Carl Mydans·Shelley Mydans, 1968, The Violent Peace, Scribner
4 Carl Mydans, 1959, 위의 책, pp. 292~293.
5 Carl Mydans, 1959, 위의 책, p. 293.
6 http://images.google.com/hosted/life

1부

진압군 작전

진압군 이동과 전투

송호성 준장이 경찰로부터 보고를 받고 있다. 보고하는 경찰 주변에는 군인들과 우익 청년단원들이 같이 서있다. 송호성 준장은 총사령관으로 사건을 진압하는 책임을 맡았다. 그러나 군 작전권은 미군이 가지고 있었다.

Bigadier General Song Ho-Sung is listening to the reports from police. Soldiers and right-wing youth militiamen are standing around the police. As a commander-in chief, Brigadier General Song is in charge of the repression of the uprising. However, operational authority was in the hands of U.S Army.

작전 지역 지도 앞에 선 총사령관 송호성 준장과 미군 장교.

Commander-in chief Brigadier Song Ho-Sung and US Officer standing in front of regional operation map.

US

송호성 준장과 미군이 함께 작전을 협의하고 있다. 여순사건이 일어나자 정부는 광주에 반란군토벌전투사령부를 설치했다.

Bigadier General Song Ho-Sung is discussing the operation with US Army. As Yeosu-Suncheon Uprising erupted, Korean Government set up Rebel Forces Subjugation Headquarter at Kwangju.

제12연대 장교들이 연대장 지프차 옆에서 작전 계획을 의논하고 있다. 진압군은 봉기군과 구별하기 위해 철모에 흰색 띠를 둘렀다.

The officers of 12th Regiment are discussing operation plan beside the truck of commonder. Repression army put white band around the helmet, so as to be distinguished from rebel forces.

12-REGT
H9 62

본격적인 시내 진압작전을 펼치기 전, 진압군이 야외에서 사격훈련을 하고 있다. 정부 수립 후, 새로 만들어진 국군은 실제 전투 경험이 없었다.

Before full-fledged city repression operation, repression army is going through shooting training. Right after the establishment of Korean Government, newly formed army had no battle experiences.

트럭에 배치한 캘리버 30 기관총(M1919)을 두 명의 진압군이 점검하고 있다.

Two soldiers of repression army examining caliber 30 machine gun installed at truck.

송호성 준장과 진압군 장교들이 지도를 펼쳐놓고, 작전을 협의하고 있다.

Brigadier General Song Ho-Sung and officers of repression army are in counsultaion with military operation, as map unfolded.

군복을 입은 경찰들. 군복 속에 경찰복이 보인다. 진압 작전은 미국의 지원을 받은 군대, 경찰, 청년단체의 합동작전으로 이루어졌다.

Policemen wearing military uniform. Policeman uniform is visible among military uniform. Repression operation was conducted by joint operations of military, police, and young militia, supported by US.

순천 진압 후 여수 시내로 들어가기 전에 진압군 장비와 차량이 도열해 있는 모습.

Before entry to Yeosu City after Suncheon repression operation, equipments and vehicles of repression army lined up.

제2연대 병사들이 주먹밥으로 끼니를 때우고 있다.

Soldiers of 2nd Regiment are appeasing their hunger with riceballs.

주민들이 군 작전에 필요한 물품을 지게로 나르고 있다. 짊어지고 있는 물품은 미군이 제공하여, 진압 작전에 사용되었다.

Residents are transporting necessary goods for military operation with Korean A frame carrier. Shoulder carried goods were provided by US Army and used for repression operation.

왼팔에 '국군' 완장을 차고, 행군하는 진압군.

Repression army marching with 'National Army' armband at their left arm.

행군하는 진압군의 뒷 모습.

Posterior view of marching repression army.

순천시내에 들어온 진압군과 경찰이 기관총으로 무장한 차량에 앉아 대기하고 있다.

Repression army and policemen, who entered Suncheon City, are sitting at the vehicle armed with machine gun.

시내로 진입한 진압군이 경계태세로 사진기자를 향해 포즈를 취하고 있다.

Repression army entered in the city is posing for photo jounalist with security posture.

HQ52

트럭에 탄 군인과 경찰이 이동하고 있다.

Soldiers and policemen in truck are moving.

트럭에 탄 경찰과 여학생.

Policemen and girl students in truck.

진압군이 논 사이로 긴 행렬을 지어 작전지역으로 이동하고 있다.

Repression army is moving to operational area in long procession through paddy fields.

진압군 제2연대 병사들이 정렬한 채 대기하고 있다.

2nd Regiment of repression army soldiers are waiting, as lined up.

진압군 제2연대 병사들이 정렬한 채 지휘관의 명령을 듣고 있다.

2nd Regiment of repression army soldiers are listening to the order from commanding officer, as lined up.

진압군 제2연대 병사들이 주먹밥을 배급받고 있다.

Riceballs are distributed to 2nd Regiment of repression army soldiers..

순천 시내 조흥은행(현 신한은행)에 설치된 법무국과 특별조사국 사무실을 기관총으로 경비를 하고 있는 병사.

Soldiers guarding Legal and Special Investigation Bureau, which were established at Choheung Bnak(currently Shinhan Bank), Suncheon city, with rifles.

特別調査局

부슬비 내린 순천 조흥은행(현 신한은행) 앞에 도열한 진압군 지프와 트럭 장비들.

Jeep and truck equipments of repression army lined up in front Choheung Bank(currently Shinhan Bank) while drizzling.

순천 시내 조흥은행(현 신한은행) 앞에 도열한 진압군 지프와 장갑차들.

Jeep and armored vehicle of repression army lined up in front of Choheung Bank(currently Shinhan Bank), at Suncheon City downtown.

4024601
2-RCN

진압군이 점령한 여수 신월동 제14연대 본부 건물. 정비가 필요한 차량들이 남아 있다.

The 14th Regiment Headquaters building at Sinwol-dong, Yeosu which was occupied by repression army. Vehicles requiring repairment remain.

여수 천일고무 회사 근처에서 진압군이 전투를 벌이고 있다.

Repression army is in the middle of battle around Chunil Rubber Co. in Yeosu.

여수 천일고무 회사 근처에서 진압군이 전투를 벌이고 있다. 사진 오른쪽에는 시내 화재로 연기가 피어오르고 있다.

Repression army in the middle of battle arouond Chunil Rubber Co. in Yeosu. At the right side of photo, Smoke rises cauesd by fires in the downtown.

진압작전 와중에 폐허가 된 사무실. 서류들이 어지럽게 흐트러져 있다.

Ruined Offices in the middle of repression operation. Documents are scattered around.

아낙네가 진압군에게 줄 주먹밥을 한 가득 만들고 있다.

A woman is making bunch of riceballs for repression army.

주민이 제공한 식사를 하는 진압군.

Reppression army eating meals which is provided by local residents.

서울역에서 진압 지역으로 떠나는 경찰 간부들.

Police officers at Seoul Station leaving for repression area.

NPHQ

미군과 제14연대

여수 순천 지역에 특파원으로 파견된 라이프지 기자 칼 마이던스(왼쪽)가 미군과 함께 기념촬영을 했다.

Carl Mydance(left side), who was dispatched to Yeosu-Suncheon region as a correspondent of Life Magazine, is taking a commemorative photo with US soldiers.

DEPARTMEN

미군 연락기가 지상에서 작전을 수행하는 미군과 연락하기 위해 접근하고 있다. 작전에는 L-4 10대와 L-5 2대가 사용되었는데, 비행기 정찰은 군대 이동상황과 지역의 적성敵性 유무를 판단하기 위해 사용되었다.

A liaison aircrafts are approaching in order to make a contact with US army conducting operation on the ground. Ten L-4 and two L-5 were used for operation. Reconaissance flight was done to judge the moving circumstances of army and hostility of the region.

MIKE

미국 특파원들이 기념사진을 촬영했다. 왼쪽에서 두 번째가 칼 마이던스이다.

US correspondents are taking a commemorative photo. Second from left is Carl Mydans.

미군 장교와 국군이 대화를 나누고 있다.

US Officers are having a conversation with Korean soldier.

봉기군이 진입하자, 미군 고문단원들은 크레인 선교사 집에서 숨어 지냈다. 선교사는 미국인이 거주한다는 사실을 분명히 알리기 위해 성조기를 급히 만들어 문에 걸어 놓았다.

As rebel forces make a entry, US military advisors hide at the residnece of missionary Crane. The missionary put American flag in front of entrance door to obviously show that americans are living.

크레인 선교사 집에 숨어 지내던 광주 제5여단 미군 고문 그린봄과 여수 제14연대 고문인 모어.

Steward Greenbaum, US military Advisor of Kwangju 5th Brigade and Gordon D. Mohr, Advisor of Yeosu 14th Regiment, hiding at the residence of Missionary Crane.

진압부대가 여수 신월동 제14연대를 점령한 후, 제14연대기를 들고 포즈를 취하고 있는 미군 장교들.

After the occupation of 14th Regiment at Sinwol-dong, Yeosu by repression army, US Army officers are making a pose hoisting 14th Regiment flag.

재五려단재十四연대
14

멀리서 바라본 여수 신월동 제14연대 병영. 제14연대 병영 사진은 현재 거의 남아있지 않다.

Distant view of 14th Regiment barracks at Sinwol-dong, Yeosu. Few photos of 14th regiment barracks remain.

2부

민간인 피해

시민들의 피난

여수 충무동에서 봇짐을 지고 서국민학교로 모이고 있는 여수 시민들. 여성과 어린이들이 보인다. 진압군은 여수의 모든 시민을 학교운동장으로 집합시켰다.

Yeosu citizens are gathering to Seo-Elementary School carrying a bundle on his back at Chungmu-dong. Repression army mustered all the Yeosu citizen at school ground.

여수 충무동 큰샘골에서 아기를 업은 아낙네가 두손을 들어 저항할 의사가 없음을 표시하고 있다.

At Keunsaemgol-Valley, Chungmu-dong, Yeosu, a woman carrying a baby at her back put hands up to show that she has no will to resist.

여수 충무동 큰샘골에서 서있는 군인이 지켜보는 동안, 아낙네가 이불을 들고 피난하고 있다.

While a soldier is watching at Keunsamgol-valley, Chungmu-dong, Yeosu, a woman is evacuating with blanket.

남녀 피난민과 어린이들이 서국민학교에 모여있다.

Male, female refugees and children are gathered at Seo-Elementary School.

협력자 색출과 학살

여수 미평국민학교에서 공놀이를 하던 중학생들이 진압군에 협력했다는 오해를 받고 진압군에게 심문당하고 있다.

Middle school students, who were playing balls at Mipyng Elementary School, are interrogated by repression army to be misunderstood being collaborated with rebel forces.

진압군은 모든 시민들을 학교 운동장에 모이라고 명령했다. 나오지 않으면, 봉기군으로 오해를 받을 수 있었기 때문에 대부분의 시민들이 강제로 학교에 모였다. 여수서국민학교에 모인 피난민.

Repression army ordered all citizens gather at school ground. In case of no presence he or she could be identified as rebel forces, most of citizens unwillingly gathered at school. Refugees gathered at Yeosu Seo-Elementary School.

여수서국민학교 운동장에 모인 주민들과 어린이들.

Residents and children gathered at Yeosu Seo-Elementary School.

여수서국민학교 운동장에 모인 여성들과 어린이들. 모여앉아 기다리고 있다.

Women and children gathered at Yeosu Seo-Elementary School. Waiting as sitting together.

순천농림학교 운동장 밖에서 남성들이 협력자 심사를 받는 동안, 멀리서 애타게 기다리는 부녀자들과 어린이들.

While men are receiving collaborator screening outside of Suncheon Agricultural School, women and children are waiting impatiently.

혁대와 상의가 벗겨진 남자가 자신의 무고함을 호소하고 있다. (순천-농림학교)

A man whose belt and top are taken off is pleading his innocence. (Suncheon Agricultural School)

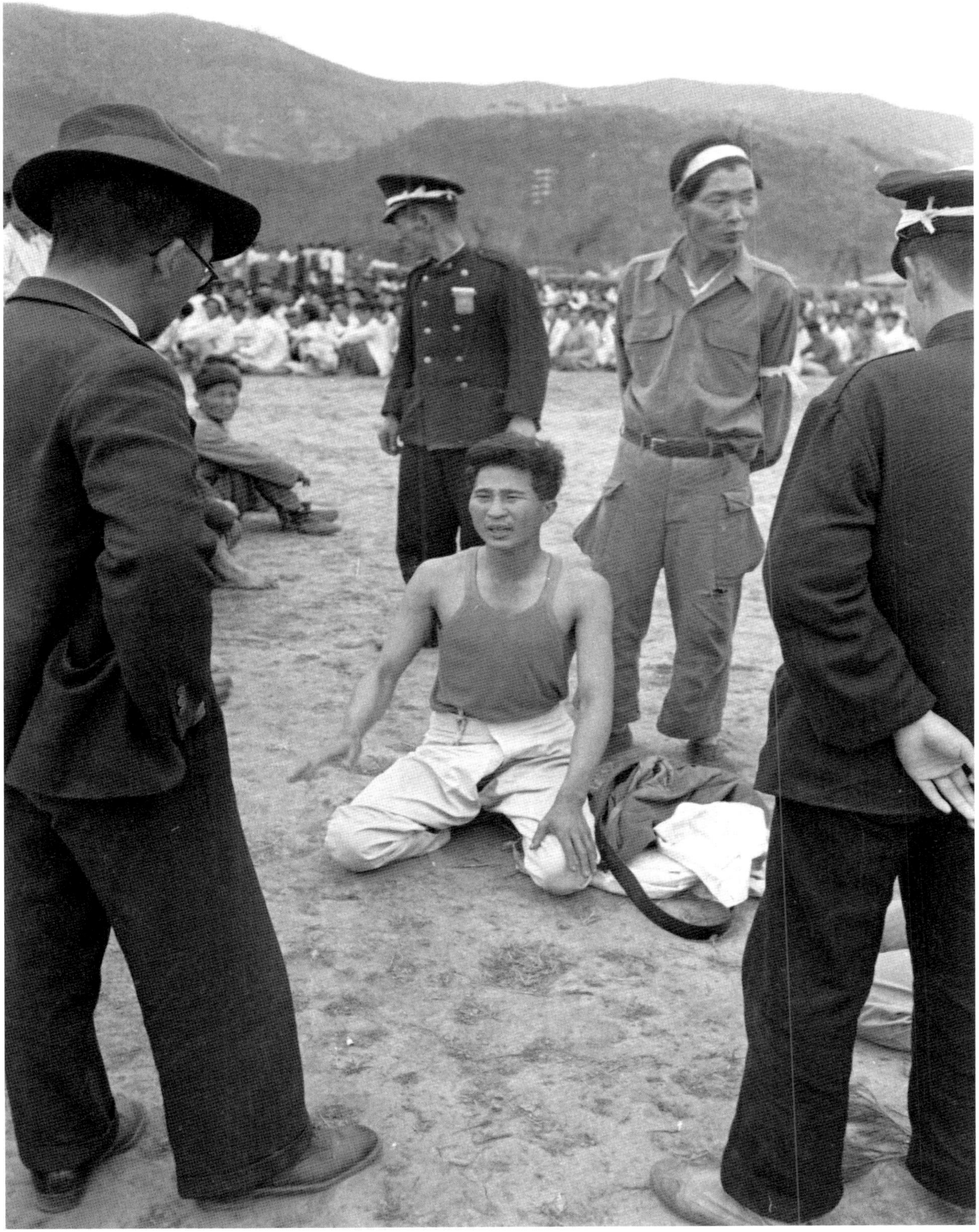

순천 농림학교 운동장에 모여 협력자 심사를 기다리는 남성들.

Men gathered at Suncheon Agricultural School are waiting for collaborator screening.

순천 농림학교 운동장에 모여 협력자 심사를 기다리는 남성들. 사람들을 여러 분류로 구분해 놓았다.

Men gathered at Suncheon Agricultural School are waiting for collaborator screening. They are classified as many grades.

순천 농림학교 운동장에 협력자 심사를 위해 여러 분류로 구분해 놓은 위치에서 길게 앉아있는 남성들.

Men gathered at Suncheon Agricultural School to be classified as many grades for collaborator screening are sitting long line.

순천 농림학교교 운동장에 모인 순천 시민(남성)들을 지켜보는 경찰과 청년단원들.

Policemen and youth militia who are looking citizens(male) gathered at Suncheon Agricultural School.

한 남성이 경찰에게 자신의 무고함을 설명하고 있다. (순천-농림학교)

A man is explaining his innocence to policeman. (Suncheon-Agricultural School)

한 남성이 우익 청년단원으로 보이는 사람에게 자신의 무고함을 울며 설명하고 있다. (순천-농림학교)

A man is explaining his innocence to seemingly right-wing youth militia. (Suncheon-Agricultural School)

순천에서 제14연대 군인들에게 협력했다는 혐의를 받고 선별된 사람들. 뒤로 순천의 삼산이 보인다.

Selected group of people who are alleged for collaboration with 14th Regiment soldiers at Suncheon. Samsan Mt of Suncheon are visible at rear.

제14연대 군인들에게 협조했다고 혐의를 받는 사람이 심한 매질을 당한 모습. 등에 매질을 당한 상처가 보인다. (순천-농림학교)

A severely beaten scene of the man who is alleged for collaboration with 14th Regiment soldiers. Beaten scar at the back is visible. (Suncheon- Agricultural School)

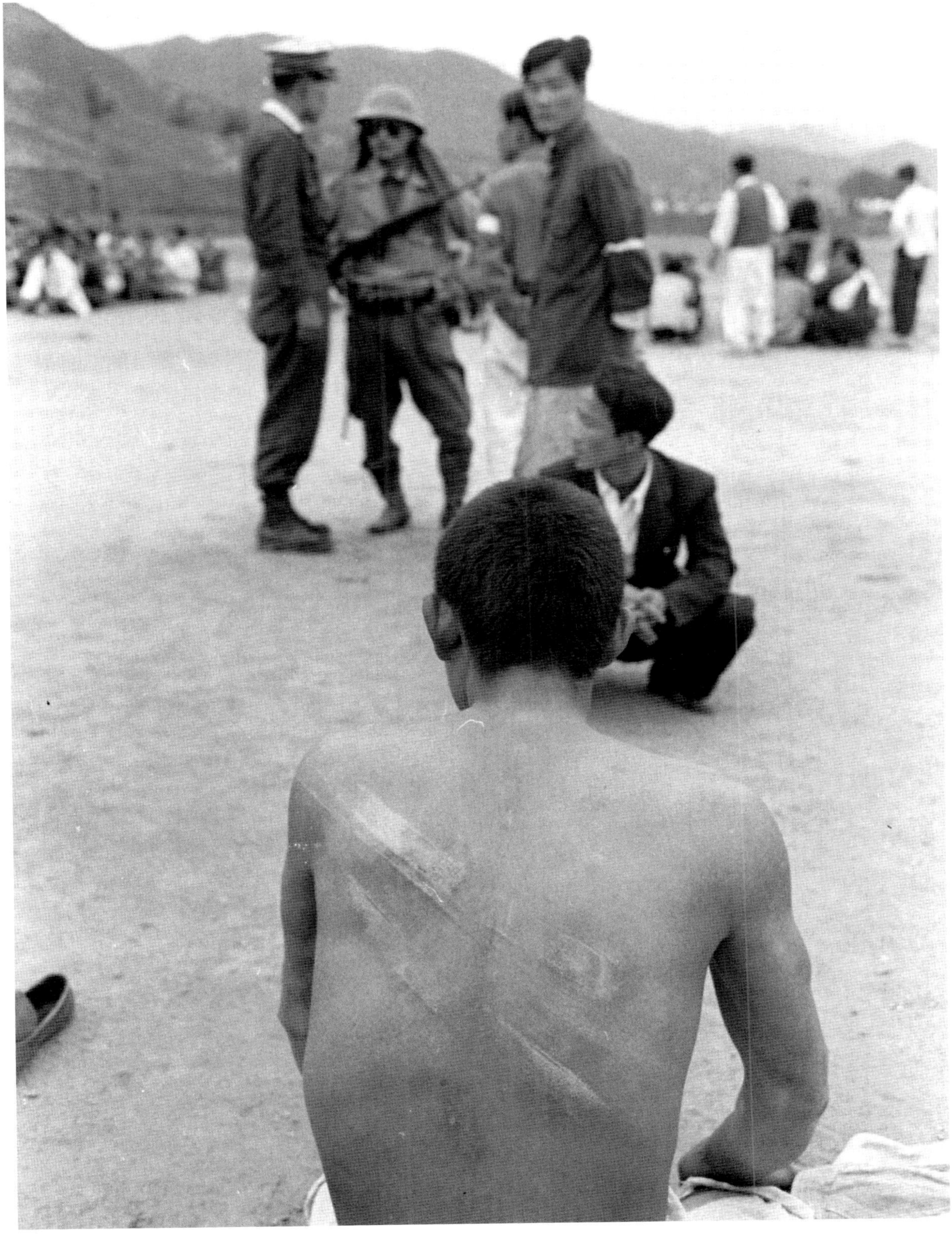

경찰이 심문하면서 협력 의심자의 머리를 헬멧으로 들이박고 있다. (순천-농림학교)

A policeman is crushing the head of alleged collaborator with helmet in the course of interrgation. (Sucheon-Agricultural School)

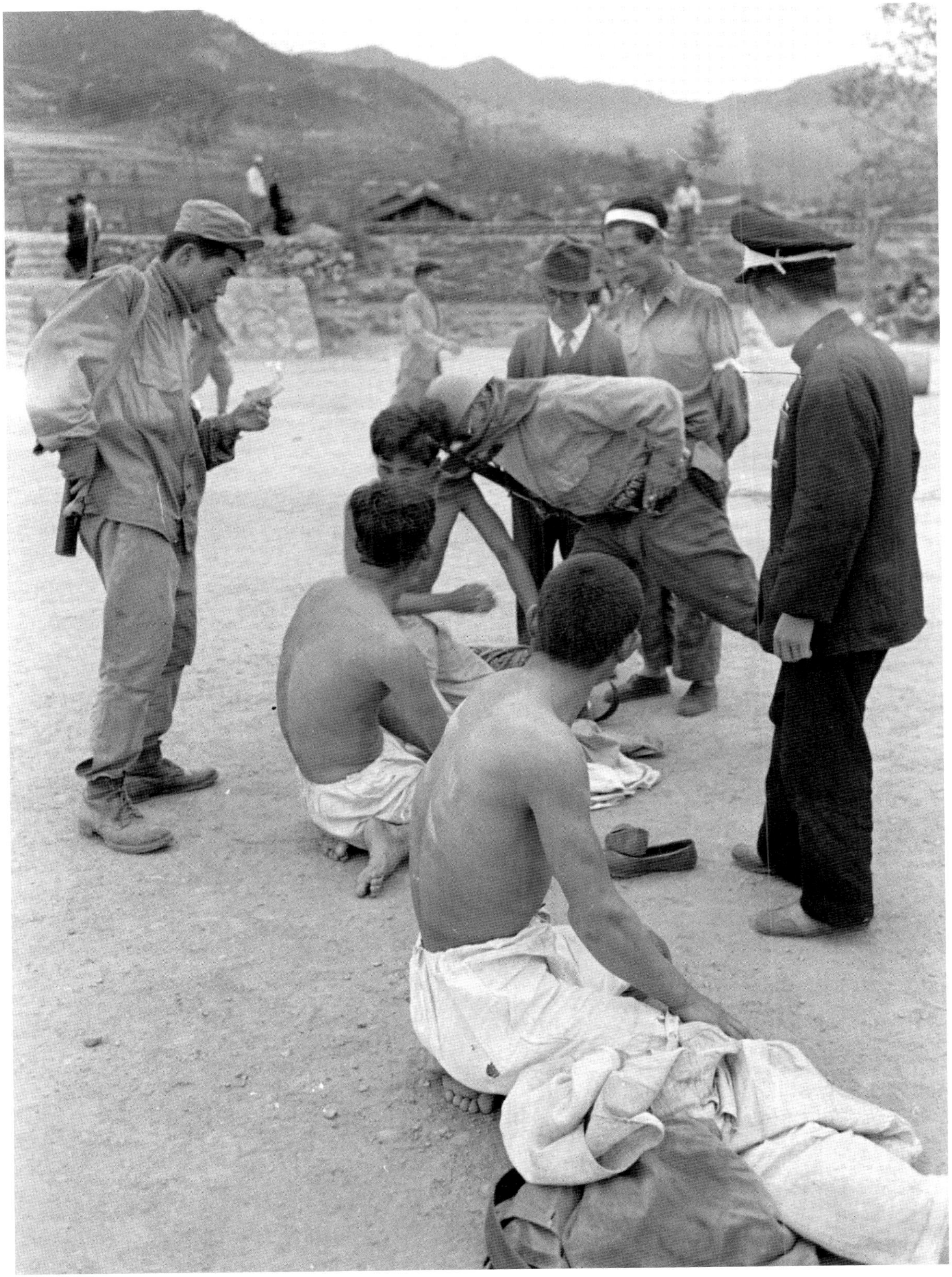

경찰이 심문이 끝난 협력자를 총으로 내몰면서 이동시키고 있다. (순천)

Policemen move collaborators, who finished with interrgation, using guns. (Suncheon)

여수 오림정(현 문수삼거리)에서 경찰과 군인들이 시민들을 도로에 집합시킨 채 감시하고 있다.

At Olimjeong(currently Munsu Samgeori), Yeosu, Policemen and soldiers are monitoring citizens as assembled at street.

연행 도중 머리에 상처를 입고 피를 흘리는 체포자. 이 사진은 미국 라이프지에 실렸다. (여수 미평)

A bleeding arrester with bruised head. This photo published in Life Magazine. (Mipyeng, Yeosu)

경찰과 군인들이 도로에서 혐의자들의 옷을 벗기고 혐의를 찾기 위해 몸 수색을 하고 있다. (여수 미평)

Policemen and soldiers are searching body of alleged people at road with their clothes undressed. (Mipyeng, Yeosu)

어린이를 데리고 있는 아낙네가 머리에 손을 얹은 채 조사를 기다리고 있다. (현 여수미평초등학교 앞 삼거리)

A woman with baby is waiting for interrgation putting her hands up at head. (currently three-way intersection in front of Yeosu Mipyeng-Elementary School)

길거리에서 시민들이 벌을 서는 것처럼 손을 위로 든 채, 군경의 명령을 기다리고 있다. (현 여수미평초등학교 앞 삼거리)

Citizens who are putting their hands up as if they are punished, are waiting for the order of military and police. (currently three-way intersection in front of Yeosu Miyeng-Elementary School)

진압군이 진남관에서 분류하여 여수 충무동 큰샘골을 거쳐 내려온 협력 혐의자들을 줄지어 이동시키고 있다. 뒤로 보이는 산은 구봉산이다.

Repression army is moving alleged collaboraters in line, who were classifed at Jinnamkwan and coming down from Keunsaemgol-valley. Gubongsan Mt is visible at rear.

진압군이 봉기군 혐의자들의 옷을 벗기고, 줄지어 이동시키고 있다. 이 사진은 미국 라이프지에 실렸다. (여수 충무동 큰샘골)

Repression army is moving alleged rebel forces in line with their clothes undressed. This photo was published in Life Magazine. (Keunsamgol-Valley, Yeosu)

여수서국민학교 운동장에 강제로 모여 있는 아낙네와 어린이들.

Women and children gathered at Yeosu Seo-Elementary School by force.

여수서국민학교에 강제로 모여 있는 아낙네와 어린이들. 학교 운동장을 가득 채우고 있다.

Women and children gathered at Yeosu Seo-Elementary School by force. There are so many people as to fill up school ground.

여수시가지에서 군인들이 협력자 색출을 하는 동안, 주민들과 학생들이 머리 위로 손을 들고 있다.

While soldiers search out collaborators at Yeosu downtown, residents and students put their hands up above head.

여수서국민학교 운동장에 빼곡히 들어찬 시민들 뒤로 남산동 예암산이 보인다.

Densley packed residents at Yeosu Seo-Elementary School ground. Yeamsan Mt is visible at rear.

여수서국민학교 운동장에 모인 시민들 뒤로 화재로 인해 연기가 치솟고 있다.

Smoke caused by fire is flaring at rear side of the citizens gathered at Yeosu Seo-Elementary School ground.

옷과 가재도구까지 가지고 여수서국민학교 운동장에 강제로 모인 아낙네와 어린이들.

Women and children gathered by force at Yeosu Seo-Elementary School with clothes and household goods.

시신을 발견한 유족들이 미군에 호소했지만, 한국말을 알아듣지 못하는 미군은 응답할 수 없었다. (순천)

Even though families of deceased who found dead bodies are pleading to US Army, Soldiers who do not understand Korean are not able to answer. (Suhcheon)

집단학살 당한 시신들. (순천)

Collectively slaughtered dead bodies. (Suncheon)

길거리에서 죽음을 당한 시신.

A dead body murdered at street.

순천 농림학교에서 진압군에게 즉결 처형된 협력자들. 이들에게는 무죄를 증명할 기회나 재판할 기회도 주어지지 않았다.

Collaborators executed without debate by repression army at Suncheon Agricultural School. Neither opportunity to prove innocence nor trial was given to them.

순천 농림학교에서 진압군에게 즉결 처형된 협력자들.

Collaborators executed without debate by repression army at Suncheon Agricultural School.

유족들은 여러 구의 시신들 중에서 자신의 가족을 찾아야만 했다.

Families of deceased had to find their own family among many dead bodies.

시신을 확인한 유족의 등에는 어린애가 업혀 있었다. (순천)

A baby was on back of the family of deceased who confirmed dead body. (Suncheon)

상점에서 사살된 시신들. 사진이 촬영된 장소는 여수 충무동 계림당 한약방으로 알려져 있다.

Dead bodies by shooting at store. The place where photo was taken is known to be Gyerimdang Galenic (herbal medicine) Pharmacy, Chungmu-dong, Yeosu.

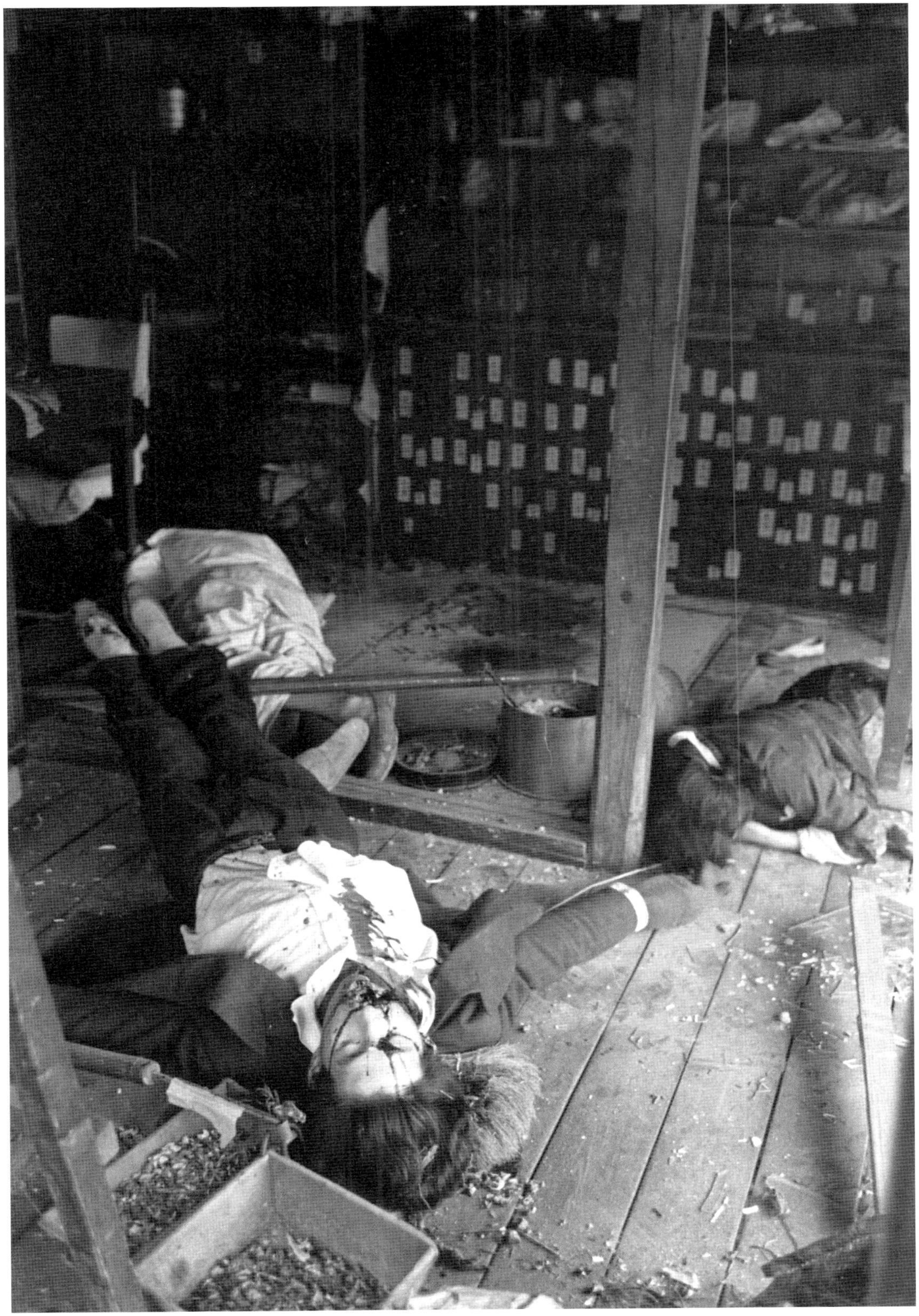

가마니로 수습된 길가 시신 앞에서 망연자실한 채 앉아 있는 유족. 순천 장천동-장대다리 사이. (현 순천교 서쪽 이수로)

Families of deceased who are sitting in front of dead bodies wrapped by straw bag. Between Jangcheon-dong and Jangdae Bridge. (currently Isu-ro, west side of Suncheon Bridge)

길가에 아무렇게나 버려져 있는 시신들. 순천 장천동-장대다리 사이. (현 순천교 서쪽 이수로)

Dead bodies abandoned randomly at road. Between Jangcheon-dong and Jangdae Bridge. (currently Isu-ro, west side of Suncheon Bridge)

자식 잃은 어머니의 오열. 뒤에 있는 미군은 특수부대 고문관 랠프 블리스(Ralph P. Bliss)이다. 이 사진은 라이프지에 실렸다.(Life, November 15, 1948) 순천 장천동-장대다리 사이(현 순천교 서쪽 이수로)

Sobbing of a mother who lost her child. US Special forces advisor, Ralph P. Bliss is standing at rear side. This photo was published in Life Magazine.(November, 15th, 1948). Between Jangcheon-dong and Jangdae Bridge(currently Isu-ro, west side of Suncheon Bridge)

죽음을 당한 시신들이 순천 장대다리 부근에 아무렇게 유기된 채 방치되어 있다. (손을 결박당한 채 사살된 것으로 보아 협력자로 몰려 처형당한 시신으로 보인다.)

Unattended dead bodies are randomly abandoned near Jangdae Bridge. (appears to be executed dead bodies who identied as collaborator, considering the situation of death with their hands tied up)

시신을 확인한 가족들. (순천)

Families who confirmed dead bodies. (Suncheon)

아버지를 잃은 딸들이 서럽게 울고 있다. (순천)

Daughters, who lost their father, are wailing sadly. (Suncheon)

급하게 만든 나무관으로 시신을 옮기고 있다.

Moving dead body to wooden casket urgently assembled.

興和堂 時計店

제14연대 군인들이 체포되어 두 손이 뒤로 묶이고 줄로 연결된 채 트럭에 실렸다.

Arrested soldiers of 14th Regiment were on truck as two hands tied at rear and bodies connected by line.

체포된 제14연대 군인들. 트럭에 가득채워 이동되었다.

Arrested soldiers of 14th Regiment. Moved as fully packed at truck.

여수 대화재

미군 장교 두 명이 여수 부두에 나와 동태를 살피고 있다. 뒤로 화재로 인해 자욱한 연기가 보인다. (여수 충무동)

Two US military officers come to Yeosu Pier and keep watching on the movements. Thick smoke caused by fire is visible at rear. (Chungmu-dong, Yeosu)

화재로 인한 짙은 연기를 뒤로 한 채, 국군이 경계하고 있다. 이 화재는 여수 중심가를 전소시켰지만, 군인들은 불을 끄려 나서지 않았다. (여수 충무동)

In the midst of thick smoke caused by fire, National Army soldiers are on an alert. Although this fire burned up all Yeosu downtown, soldiers never put this fire out. (Chungmu-dong)

여수 진압 작전 중, 시내 중심가에서는 큰 화재가 발생했다. 10월 26일 목조건물이 많았던 여수 서시장과 27일 충무동 시민극장 주변에서 일어난 화재는 여수 시내의 중심가를 완전히 잿더미로 만들었다.

While repression operation was going on, big fire broke out. The fires broken out on 26th October at Seosijang Market where many wooden building existed, and 27th around Citizens' Theater burned all Yeosu downtown to ashes.

시민들이 살수차를 동원하여 화재 진압에 나섰다. (여수 충무동)

Citzens are putting out the fires with sprinkler truck. (Chungmu-dong, Yeosu)

불을 끄러 나선 한 시민의 다급한 모습. 일본풍의 옷을 입고 있다. (여수 충무동)

Appearance of a citizen hastily trying to put out fire. Wearing Japanese-style outfits. (Chungmu-dong, Yeosu)

시내 중심가에서 엄청난 불길이 치솟고 있다. (여수 충무동)

Huge flame is soaring at downtown. (Chungmu-dong, Yeosu)

화재로 완전히 불타버려 폐허로 변해버린 여수 교동.

Completely ruined Kyo-dong, Yeosu caused by fire.